Llena tu vida de vida

Grupo ROBIN BOOK
Barcelona - México
Buenos Aires

# Llena tu vida de vida

## Las mejores citas y pensamientos positivos

### Lyn Miller

© 2010, Ediciones Robinbook, s. l., Barcelona

Diseño de cubierta e interior: Cifra (www.cifra.cc)
Fotografía de cubierta: Springtime © iStockphoto

ISBN: 978-84-9917-068-8
Depósito legal: B-32.761-2010

Impreso por Egedsa, Rois de Corella 12-16,
08205 Sabadell (Barcelona)

Impreso en España - *Printed in Spain*

# Índice

# Prólogo

Las palabras tienen un poder absoluto que afectan a nuestras emociones. Cuando leemos citas inspiradoras y positivas escritas por hombres y mujeres célebres que han marcado un hito en la historia de la humanidad, nuestra actitud personal se ve reforzada y la energía fluye. Son palabras que potencian tu entusiasmo, tu pasión, tu energía, tu compasión, tus ganas de plenitud, tu dinamismo, tu actitud positiva, tus virtudes y tu compromiso por la vida.

Aprender de sus sabias reflexiones sobre los valores más importantes de la existencia humana: amor, amistad, felicidad, sabiduría, superación y libertad, nos ayuda en nuestro crecimiento personal y nos da una visión más positiva de nuestro entorno. Tenemos que apropiarnos de un discurso que alimente nuestra mente de pensamientos positivos y sabios, que refuerce nuestra autoestima y que nos aliente a disfrutar plenamente de nuestra vida.

Esta antología de citas positivas nos permite acumular fuerza interior y nos prepara para  ser constructivos. Los pensamientos positivos refuerzan nuestra actitud sin atraparnos en la apariencia externa de una situación. Pensar positivamente no significa que ignoremos la realidad a nuestro alrededor y pretender vivir en lo irreal. Pensar positivamente significa ver los problemas y reconocer su realidad, pero al mismo tiempo ser capaces de encontrar soluciones a ese problema. A menudo, esto requiere tolerancia, paciencia y sentido común.

Utiliza estas afirmaciones y reflexiones positivas para mejorar tu vida diaria. Buscar cl lado positivo de las cosas nos va ayudar a afrontar y superar los problemas. Tener una actitud positiva equivale a vivir mejor. Como dijo Friedrich Nietzsche: «Quien tiene un porqué para vivir, soporta casi cualquier cómo».

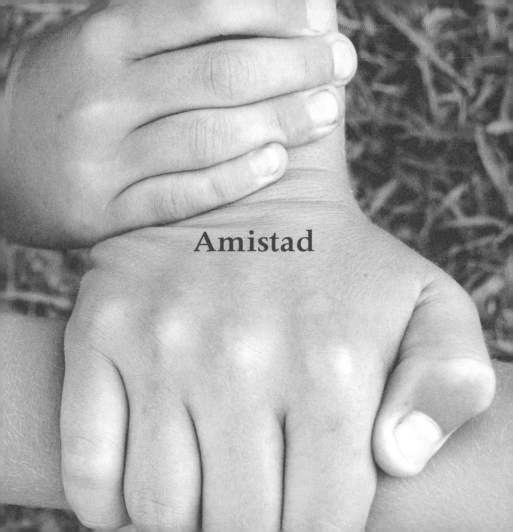

# 1

El amigo es quien abraza un secreto siendo nuestro seguro cómplice, quien ablanda la angustia, quien aconseja en una decisión, y sobre todo, quien alegra y conforta.

*Lucio Anneo Séneca*

Un amigo es alguien que quiere recorrer un rato conmigo el mismo camino

*Phil Bosmans*

# 2

La amistad es más difícil y más rara que el amor. Por eso, hay que salvarla como sea.

*Alberto Moravia*

# 3

El verdadero amigo es aquel que, a pesar de saber cómo eres, te quiere.

*Anónimo*

Como se sabe, los negocios pueden dar dinero, pero la amistad raramente lo hace.

*Jane Austen*

17

# 4

No basta compartir las ideas con el prójimo. Se ha de compartir la vida.

*Sir Rabindranath Tagore*

La amistad es más difícil y más rara que el amor. Por eso, hay que salvarla como sea.

*Alberto Moravia*

# 5

Es mucho mejor hacer amigos, comprenderse mutuamente y hacer un esfuerzo para servir a la humanidad, antes de criticar y destruir.

*Dalai Lama*

# 6

Lo malo del amigo es que nos dice las cosas desagradables a la cara; el enemigo las dice a nuestras espaldas y como no nos enteramos, nada ocurre.

*Louis Charles Alfred de Musset*

# La amistad es alimento para el espíritu

*Anónimo*

# 7

**Los amigos son como la sangre,**
cuando se está herido acuden sin que se
los llame.

*Anónimo*

# 8

El amigo ha de ser como el dinero, que antes de necesitarlo, se sabe el valor que tiene.

*Sócrates*

# 9

El mundo se compone de los que
dan y de los que reciben. Puede
que los segundos coman mejor, pero
duermen mejor los primeros.

*Anónimo*

# 10

**Quien no buscó amigos en la alegría**, en la desgracia no los pida.

*Anónimo*

**La buena y verdadera amistad** no debe ser sospechosa en nada.

*Miguel de Cervantes*

25

# 11

Cuando un amigo nos pide algo, la palabra «mañana» no existe.

*George Herbert*

Separar la amistad de la vida es como arrancar el sol del mundo.

*Marco Tulio Cicerón*

Una de las alegrías de la amistad es saber en quién confiar.

*Alessandro Manzoni*

# 12

Recorre a menudo la senda que lleva al huerto de tu amigo, no sea que la maleza te impida ver el camino.

*Proverbio indio*

# 13

La amistad sólo podía tener lugar a través del desarrollo del respeto mutuo y **dentro de un espíritu de sinceridad.**

*Dalai Lama*

# 14

Si quieres tener amigos,
muéstrate amigable.
Si quieres que te recuerden,
acuérdate de los demás.
Si quieres que te amen, ama.

*Maria Fontaine*

# 15

**Amistades que son ciertas** nadie las puede turbar.

*Miguel de Cervantes Saavedra*

Si quieres hallar en cualquier lado **amistad, dulzura y poesía**, llévalas contigo.

*Georges Duhamel*

# 16

Al final, no nos acordaremos tanto de las palabras de nuestros enemigos, sino de los silencios de nuestros amigos.

*Martin Luther King, Jr.*

El pájaro tiene su nido, la araña su tela, el hombre la amistad.

*William Blake*

# 17

No necesito amigos que cambien cuando yo cambio y asientan cuando yo asiento. Mi sombra lo hace mucho mejor.

*Plutarco*

# 18

Mucha gente entra y sale de tu vida a lo largo de los años. Pero **solo los verdaderos amigos dejan huellas en su corazón.**

*Dr. Wayne W. Dyer*

# 19

El amigo es otro yo. Sin amistad el hombre no puede ser feliz.

*Aristóteles*

Una amistad sin confianza es una flor sin perfume.

*Laure Conan*

# 20

**La amistad es como la salud:** nunca
nos damos cuenta de su verdadero valor
hasta que la perdemos.

*Anónimo*

# 21

**La amistad es como un violín.** Tal vez la música se para de vez en cuando, pero las cuerdas siguen intactas.

*Maria Fontaine*

# 22

**Los amigos son como las estrellas,** cuanto más negro está el cielo, más brillan para uno.

*Anónimo*

# 23

La prosperidad hace amistades, y la adversidad las prueba.

*Anónimo*

Una amistad que termina nunca había comenzado.

*Anónimo*

Una amistad
noble es una
obra maestra a dos

*Paul Bourget*

# 24

La voz de la persona amiga es sin duda la nota más suave en la orquesta de la vida.

*Roque Schneider*

# 25

La amistad te impide resbalar al abismo.

*Bruce Springsteen*

Amigo es aquel que adivina siempre cuándo se le necesita.

*Jules Renard*

43

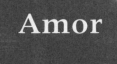

Amor

# 26

Hay en el mundo un lenguaje que todos comprenden: **es el lenguaje del entusiasmo, de las cosas hechas con amor** y con voluntad, en busca de aquello que se desea o en lo que se cree.

*Paulo Coelho*

Tú me haces
diferente
con el solo
hecho de existir

*Anónimo*

# 27

El amor es una condición en la que la felicidad de otra persona es esencial para tu propia felicidad.

*Robert A. Heinlein*

# 28

El verdader amor no es otra cosa que el
deseo inevitable de ayudar al otro
para que sea quien es.

*Jorge Bucay*

# 29

El amor es el significado ultimado de todo lo que nos rodea. No es un simple sentimiento, es la verdad, es la alegría que está en el origen de toda creación.

*Sir Rabindranath Tagore*

# 30

El amor verdadero no te hace sufrir. ¿Cómo podría? Ni se convierte en odio súbitamente, ni la alegría real se convierte en dolor.

*Eckhart Tolle*

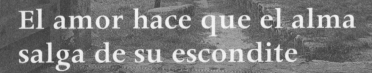

El amor hace que el alma
salga de su escondite

*Anónimo*

# 31

Yo amo, tu amas, él ama, nosotros amamos, vosotros amáis, ellos aman. Ojalá no fuese conjugación sino realidad.

*Mario Moreno «Cantinflas»*

# 32

Esa necesidad de olvidar su yo en la carne extraña es lo que el hombre llama noblemente necesidad de amar.

*Charles Baudelaire*

# 33

**Yo voy a ti** como va sorbido al mar ese río.

*Ramón de Campoamor*

**El amor es hijo de la libertad,** nunca del dominio.

*Anónimo*

# 34

Y para estar total, completa, absolutamente enamorado, hay que tener plena conciencia de que uno también es querido, que uno también inspira amor.

*Mario Benedetti*

# 35

El amor es el poder iniciador de la vida;
la pasión posibilita su
permanencia.

*Anónimo*

# 36

## Nunca dejes de sonreír, ni siquiera cuando estés triste,

porque nunca sabes quien se puede enamorar de tu sonrisa.

*Gabriel García Márquez*

La vida es bella,
porque tu estás
en ella.

*Lucille de Saint Jean*

# 37

El alma que puede hablar con los ojos, también puede besar con la mirada.

*Gustavo Adolfo Bécquer*

# 38

**Amor es un fuego escondido,** una agradable llaga, un sabroso veneno, una dulce amargura, una deleitable dolencia, un alegre tormento, una fiera herida, una blanda muerte.

*Fernando de Rojas*

# 39

Cierto que en el mundo de los hombres nada hay necesario fuera del amor.

*Johann Wolfgang von Goethe*

# 40

Conocer el amor de los que amamos es el fuego que alimenta la vida.

*Pablo Neruda*

El amor es un espíritu dentro de dos formas.

*Percy B. Shelley*

Un viejo
enamorado
es como una
flor en invierno

*Anónimo*

# 41

**El amor auténtico se encuentra siempre hecho.** En este amor un ser queda adscrito de una vez para siempre y del todo a otro ser. Es el amor que empieza con el amor.

*José Ortega y Gasset*

# 42

El amor es el significado ultimado de todo lo que nos rodea. No es un simple sentimiento, es la verdad, es la alegría que está en el origen de toda creación.

*Sir Rabindranath Tagore*

# 43

El amor es la única cosa de este mundo que no quiere más comprador que a sí mismo.

*Friedrich von Schiller*

# 44

El amor es una bellísima flor, pero hay que tener el coraje de ir a recogerla al borde de un precipicio.

*Henri Beyle Stendhal*

# 45

El amor es una fuente inagotable de reflexiones: profundas como la eternidad, altas como el cielo y grandiosas como el universo.

*Alfred de Vigny*

# 46

**El amor nace del recuerdo**, vive de la inteligencia y muere del olvido.

*Ramon Llull*

El amor vive de amables pequeñeces.

*Theodor Fontane*

# El amor no envejece nunca

*Anónimo*

# 47

Los mejores momentos de un amor son aquellos en que te asalta una serena y dulce melancolía; cuando lloras y no sabes porqué; cuando reposadamente te resignas ante una desventura sin saber cuál es.

*Giacomo Leopardi*

# 48

El amor representa la ley superior y única de la vida... Y eso cada uno lo sabe y lo siente **en lo profundo de su corazón.**

*Liev Nikolaievich Tolstoi*

# 49

**El amor, al igual que el fuego**, es capaz de purificarlo todo.

*Alphonse Karr*

Es imposible ocultar el amor en los ojos del que ama.

*John Crowne*

# 50

**El corazón necesita amar.** Celestial o terreno, ha de amar algún objeto, y es vano luchar contra esta ley.

*Jaime Balmes*

El amor puro es un sol cuya intensidad absorbe todas las demás tareas.

*Charles Baudelaire*

# 51

El sabio es sabio porque ama. El loco es loco porque piensa que puede entender el amor.

*Paulo Coelho*

Felicidad

# 52

La felicidad humana generalmente no se logra con grandes golpes de suerte, que pueden ocurrir pocas veces, sino con pequeñas cosas que ocurren todos los días.

*Benjamin Franklin*

# 53

Felicidad no es hacer lo que uno quiere sino querer lo que uno hace.

*Jean Paul Sartre*

La felicidad consiste en saber unir el final con el principio.

*Pitágoras*

# 54

La felicidad es interior, no exterior; por lo tanto, no depende de lo que tenemos, sino de lo que somos.

*Henry Van Dyke*

# 55

La suprema felicidad de la vida es saber que **eres amado por ti mismo** o, más exactamente, a pesar de ti mismo.

*Victor Hugo*

La felicidad es la certeza de no sentirse perdido.

*Jorge Bucay*

# 56

No debemos permitir que alguien se aleje de nuestra presencia sin sentirse mejor y más feliz.

*Madre Teresa de Calcuta*

# 57

Hay en el mundo un lenguaje que todos comprenden: **es el lenguaje del entusiasmo, de las cosas hechas con amor** y con voluntad, en busca de aquello que se desea o en lo que se cree.

*Paulo Coelho*

# 58

Lo principal es no mirar a lo que se halla a lo lejos, sino a lo que está delante de nosotros.

*Thomas Carlyle*

# 59

Los hombres olvidan siempre que la **felicidad humana es una disposición de la mente** y no una condición de las circunstancias.

*John Locke*

# 60

Muchas personas se pierden las pequeñas alegrías mientras aguardan la gran felicidad.

*Anónimo*

# 61

La felicidad siempre viaja de incógnito. Sólo después que ha pasado, sabemos de ella.

*Anónimo*

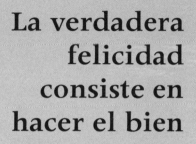

# La verdadera felicidad consiste en hacer el bien

*Aristóteles*

91

# 62

La felicidad no consiste en adquirir y gozar, sino en no desear nada, pues eso es lo que te hace ser libre.

*Epicteto de Frigia*

# 63

**La alegría está en la lucha,** en el esfuerzo, en el sufrimiento que supone la lucha, y no en la victoria misma.

*Mahatma Gandhi*

# 64

El bien de la humanidad debe consistir en que cada uno goce al máximo de la felicidad que pueda, sin disminuir la felicidad de los demás.

*Aldous Huxley*

# 65

¡Qué cosa tan extraña es la felicidad! Nadie sabe por dónde ni cómo ni cuándo llega, y llega por caminos invisibles, a veces cuando ya no se le aguarda.

*Henrik Johan Visen*

# 66

El hombre feliz es aquel que siendo rey o campesino, encuentra paz en su hogar.

*Johann Wolfgang Goethe*

# 67

La posibilidad de realizar un sueño es lo que hace que la vida sea interesante.

*Paulo Coelho*

# 68

No hay deber que descuidemos tanto como
el deber de ser felices.

*Robert Louis Stevenson*

La felicidad no es algo que experimentes,
es algo que recuerdas.

*Anónimo*

# 69

La felicidad está más con el pobre, que considera que tiene bastante, que con el rico, que nunca cree que tiene bastante.

*Anónimo*

# 70

La única diferencia entre una vida extraordinaria y una vida corriente reside en **encontrar un placer extraordinario en las cosas corrientes.**

*Veronique Vierne*

Sería muy poco feliz si pudiera
decir hasta qué punto lo soy.

*William Shakespeare*

# 71

Si quieres comprender la palabra felicidad, tienes que entenderla como recompensa y no como fin.

*Antoine de Saint-Exupery*

# 72

El saber es la parte más considerable de la felicidad.

*Sófocles*

Un verdadero espíritu de rebelión es aquel que busca la felicidad en esta vida.

*Henrik Ibsen*

103

# 73

¡La felicidad! No existe palabra con más acepciones; cada uno la entiende a su manera.

*Cecilia Böhl de Faber*

# 74

Si deseas felicidad de los demás, sé compasivo. Si deseas tu propia felicidad, sé compasivo.

*Dalai Lama*

# No está la felicidad en vivir, sino en saber vivir

*Anónimo*

# 75

El que no considera lo que tiene como la **riqueza más grande**, es desdichado aunque sea dueño del mundo.

*Epicúreo de Samos*

# Sabiduría

# 76

El aspecto más triste de la vida actual es que **la ciencia gana en conocimiento más rápidamente que la sociedad en sabiduría.**

*Isaac Asimov*

# Conócete. Acéptate. Supérate.

*San Agustín de Hipona*

# 77

El que es capaz de dominarse hasta sonreír en la mayor de sus dificultades es el que ha llegado a poseer la sabiduría de la vida.

*Anónimo*

# 78

El sabio no dice todo lo que piensa, pero **siempre piensa todo lo que dice.**

*Aristóteles*

El hombre más sabio me dijo: **nueve de cada diez personas mejoran con el trato.**

*F. Swinnerton*

# 79

Es una enorme desgracia no tener talento para hablar bien, ni la sabiduría necesaria para cerrar la boca.

*Jean De La Bruyère*

# La ciencia se puede aprender de memoria, pero la sabiduría no

*San Agustín de Hipona*

# 80

La ciencia es orgullosa por lo mucho que ha aprendido; la sabiduría es humilde porque no sabe más.

*William Cowper*

# 81

La ciencia genuina, hasta donde alcanza su verdadera doctrina, carece de profundidad. La profundidad es cosa de la sabiduría.

*Edmund Husserl*

# 82

La mayor sabiduría que existe es
conocerse a uno mismo.

*Galileo Galilei*

El hombre sabio es pobre en apariencia
porque su tesoro está en su
corazón.

*Proverbio taoísta*

# 83

Más veces descubrimos nuestra sabiduría con nuestros disparates que con nuestra ilustración.

*Oscar Wilde*

No basta con adquirir
la sabiduría, es preciso
usarla

*Marco Tulio Cicerón*

# 84

No arrepentirse ni hacer reproches a los demás son los pasos de la sabiduría.

*Denis Diderot*

# 85

Nueve décimas partes de la sabiduría
provienen de ser juicioso a tiempo.

*Henry David Thoreau*

El sabio busca la sabiduría; el tonto
la ha encontrado.

*Georg C. Lichtenberg*

# 86

Sacar provecho de un buen consejo exige más sabiduría que darlo.

*John Ch. Collins*

Un hombre sabio se procurará más oportunidades de las que se le presentan.

*Francis Bacon*

# 87

Si discutes mucho para probar tu sabiduría, pronto probarás tu ignorancia.

*Musarrif Ibn Muslih Saadi*

Si el loco persistiese en su locura se volvería sabio.

*William Blake*

# Para poner en valor la ciencia es necesaria la joya de la sabiduría

*Anónimo*

# 88

**Si me ofreciesen la sabiduría** con la condición de guardarla para mí sin comunicarla a nadie, no la querría.

*Séneca*

# 89

Todo hombre es tonto de remate al menos durante cinco minutos al día. La sabiduría consiste en no sobrepasar el límite.

*Anónimo*

# 90

La sabiduría es hija de la experiencia y siempre pide consejo al que sabe corregirse a sí mismo.

*Leonardo Da Vinci*

# 91

¿Qué es la fuerza sin una **doble porción de sabiduría?**

*John Milton*

Libros, caminos y días **dan al hombre sabiduría.**

*Proverbio árabe*

# 92

Por los defectos de los demás,
el sabio corrige los propios.

*Publio Siro*

No hay sabiduría sin prudencia.

*Jaime Balmes*

# El que nada duda, nada sabe

*Proverbio griego*

# 93

**El sabio no dice lo que sabe;**
el necio no sabe lo que dice.

*Proverbio chino*

**La sabiduría se encuentra en la naturaleza,** no en los laboratorios.

*Manuel Lezaeta*

# 94

Todos los hombres que conozco
son superiores a mí en algún sentido.
**En ese sentido aprendo
de ellos.**

*Ralph W. Emerson*

# 95

Es más fácil juzgar el talento de un hombre por sus preguntas que por sus respuestas.

*Duque de Levis*

# 96

Nuestro conocimiento es una pequeña isla en el enorme océano del desconocimiento.

*Isaac Bashevis Singer*

El cerebro
no es un vaso
por llenar,
sino una lámpara
por encender.

*Plutarco*

# 97

En el camino a la sabiduría, el primer paso es silencio; el segundo, escuchar; el tercero, recordar; el cuarto, practicar; el quinto, enseñar a otros.

*Salomón Ibn Gabirol*

# Superación

# 98

Quiero compartir con ustedes el secreto que me ha llevado a alcanzar mis metas: mi fuerza reside únicamente en mi tenacidad.

*Louis Pasteur*

# 99

Cuando uno realiza un viaje tiene ya algo que contar.

*Anónimo*

Superarse a uno mismo es la virtud por la que todas las demás dan su fruto.

*Arturo Graf*

# 100

No se puede atravesar el mar
**simplemente mirando el agua.**

*Sir Rabindranath Tagore*

**El día que no rías** es un día perdido.

*Charles  Chaplin*

# 101

**Ser quienes somos** y convertirse en lo mejor que somos capaces es la única meta de la vida.

*Robert Louis Stevenson*

# 102

No se le puede enseñar nada a nadie, sólo se le puede ayudar a que lo encuentre dentro de sí.

*Galileo Galilei*

# No hay árbol que el viento no haya sacudido

*Proverbio hindú*

# 103

El futuro tiene muchos nombres. Para los débiles es lo inalcanzable. Para los temerosos, lo desconocido. **Para los valientes es la oportunidad.**

*Víctor Hugo*

# 104

Lo pasado ha huido, lo que esperas está ausente, pero el presente es tuyo.

*Proverbio árabe*

Cuanto más fuerte es el obstáculo, más grande es la gloria que podremos alcanzar al vencerle.

*Molière*

# 105

Cuando trato de cambiar lo que hay en mí de desagradable luchando contra ello, lo único que consigo es ocultarlo. **Si lo acepto, saldrá a la superficie y se evaporará.** Si intento resistirme a ello, seguirá perviviendo obstinadamente.

*Anthony de Mello*

# 106

El que no puede sobrellevar lo malo no vive para ver lo bueno.

*Proverbio judío*

Los vientos y las olas están siempre del lado de los navegantes hábiles.

*Edward Gibbon*

# 107

Algunas cosas están bajo nuestro control y otras no. Sólo tras haber hecho frente a esta regla fundamental y haber aprendido a distinguir entre lo que podemos controlar y lo que no, serán posibles la tranquilidad interior y la eficacia exterior.

*Epicteto*

# No se puede impedir el viento, pero pueden construirse molinos

*Proverbio holandés*

# 108

Me gustan los árboles porque
parecen más conformes que otros
seres con la manera en que les ha tocado
vivir.

*Willa Cather*

# 109

Para establecer una autoestima saludable debemos **concentrarnos en nuestros éxitos** y olvidarnos de nuestros fracasos.

*Denis Waitley*

# 110

No hay nada malo ni bueno en sí mismo, es nuestro pensamiento quien lo transforma.

*William Shakespeare*

# 111

Nunca temas a las sombras. Sólo constituyen el indicio de que en algún lugar cercano hay una luz resplandeciente.

*Ruth Renkel*

El hombre tiene la
facultad de modificar
su vida modificando
su actitud mental.

*William James*

# 112

Si todo saliera como yo quiero,
jamás experimentaría nada nuevo y mi vida
sería una interminable sucesión de éxitos
insípidos.

*Hugh Prather*

# 113

**Si crees totalmente en ti mismo,**
no habrá nada que esté fuera de tus
posibilidades.

*Wayne W. Dyer*

# 114

El mundo puede no tener la obligación de cuidar de ti, tú estás obligado a cuidar de ti mismo.

*R. J. Ringer*

# 115

El que no quiere hacer nada, siempre encuentra excusas. El que quiere hacer algo encuentra siempre los medios.

*Proverbio árabe*

# 116

Sé por experiencia que si me falta algo puedo conseguirlo si voy tras ello, pero jamás espero a que me caiga del cielo.

*San Levenson*

# 117

Todo lo que queráis que hagan con vosotros los hombres, hacedlo también vosotros con ellos.

*Lucas*

A cualquier parte
que vayas, ve de
todo corazón.

*Confucio*

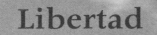
Libertad

# 118

La libertad no hace felices a los hombres,
los hace sencillamente hombres.

*Manuel Azaña*

El más grande fruto de la libertad es la
serenidad del alma.

*Epicteto*

166

# 119

La libertad significa responsabilidad. Es por eso que la mayoría de los hombres la ignoran.

*G. Bernard Shaw*

# 120

La verdadera libertad consiste en el dominio absoluto de sí mismo.

*Michel de Montaigne*

El acto de desobediencia, como acto de libertad, es el comienzo de la razón.

*Erich Fromm*

# Mi libertad termina donde empiezan los derechos de los demás.

*Anónimo*

# 121

La libertad primero hay que aceptarla, después planificarla y, finalmente disfrutarla.

*Paco Rabanne*

# 122

Ser libre obliga a dejar en libertad a los demás.

*Anónimo*

La libertad es algo maravilloso, pero no cuando hay que pagar por ella el precio de la soledad.

*Bertrand Russell*

# 123

Las cadenas de la esclavitud solamente atan las manos: **es la mente lo que hace al hombre libre o esclavo.**

*Franz Grillparzer*

# 124

No pido riquezas, ni esperanzas, ni amor, ni un amigo que me comprenda; todo lo que pido es el cielo sobre mí y un camino a mis pies.

*Robert Louis Stevenson*

# Los hombres no pueden ser si no son libres

*Salvador Espriu*

# 125

Prefiero morir de pie que vivir
siempre arrodillado.

*Ernesto «Che» Guevara*

Los mayores enemigos de la
libertad no son aquellos que la oprimen,
sino los que la ensucian.

*Vincenzo Gioberti*

# 126

Quienes son capaces de renunciar a la libertad esencial a cambio de una pequeña seguridad transitoria, no son merecedores ni de la libertad ni de la seguridad.

*Benjamin Franklin*

# 127

La libertad no tiene su valor en sí misma: hay que apreciarla por las cosas que con ella se consiguen.

*Ramiro de Maeztu*

# 128

No se nos otorgará la libertad externa más que en la medida exacta en que hayamos sabido, en un momento determinado, **desarrollar nuestra libertad interna.**

*Mahatma Gandhi*

En la bandera de la libertad bordé el amor más grande de mi vida.

*Federico García Lorca*

# 129

Más cuesta mantener el equilibrio de la libertad que soportar el peso de la tiranía.

*Simón Bolívar*

# 130

No existe la libertad, sino la búsqueda de la libertad, y esa búsqueda es la que nos hace libres.

*Carlos Fuentes*

# 131

Yo soy libre solamente en la medida en que reconozco la humanidad y respeto la libertad de todos los hombres que me rodean.

*Mijail Bakunin*

# 132

Nadie combate la libertad; a lo sumo combate la libertad de los demás. La libertad ha existido siempre, pero unas veces como privilegio de algunos, otras veces como derecho de todos.

*Karl Marx*

# 133

La libertad, al fin y al cabo, no es sino la capacidad de vivir con las consecuencias de las propias decisiones.

*James Mullen*

La historia es el esfuerzo del espíritu para conseguir la libertad.

*Friedrich Hegel*

La libertad es como la vida, sólo la merece quien sabe conquistarla todos los días.

*Anónimo*

# Otros títulos de **Vital**

**Mensajes con amor**. Susan Jeffers

Este libro nos ofrece una colección de afirmaciones positivas
para la práctica diaria que nos permitirán eliminar miedos
y temores y afrontar cualquier situación con serenidad.
A través de ellas podemos reeducar nuestra mente, eliminar de
ella toda la negatividad que nos mantiene prisioneros
y nos impide liberar nuestro potencial para crearnos a
nosotros mismos y vivir la vida que deseamos y merecemos.

**Pídeselo al Universo**. Bärbel Mohr

Un manual para aprender a interpretar las señales que nos en-
vía el Universo. Cada vez hay más personas que perciben con
toda claridad la voz de su intuición. Para poder escuchar la voz
interior resulta suficiente con un poco de entrenamiento, recos-
tarse unos minutos, respirar adecuadamente y percibir el propio ser y el contacto con el Universo. Porque si uno es feliz,
puede tenerlo todo y no necesitar nada.

**Felicidad es...** Margaret Hay

Sumérgete en las pequeñas páginas de este libro, en él encon-
trarás reflexiones que te acogerán, tranquilizantes. Tómate tu
tiempo. Coge el libro, cierra los ojos, respira y ábrelo al azar por
cualquier parte, vuelve a abrir los ojos, lee con atención y tó-
malo como punto de partida. Te ayudará en tus decisiones. Muchos buscan la felicidad sin saber que ésta se construye día a
día, minuto a minuto, disfrutando de todo lo que se nos presenta en cada instante.

# Otros títulos de Vital

**Disfruta el momento**. Raphael Cushnir

Sucede, muchas veces, que ante situaciones difíciles, nos encerramos en nuestro propio caparazón y nos blindamos al exterior. En ese momento perdemos buena parte de la energía que nos permite crecer y madurar como seres humanos. Para evitar estas situaciones este libro nos enseña de qué modo volver a disfrutar de la vida y del entorno que nos ha tocado vivir.

**Vivir de otra manera es posible.** Regina Carstensen

Cómo podemos simplificar nuestra vida y hacer que nos sintamos más libres? Gracias a las innumerables propuestas de este libro, que ha sido un gran éxito de ventas en Alemania, aprenderemos a decir *no*, a liberarnos de los sentimientos de culpa y a encontrar el equilibrio en nuestra rutina laboral, consiguiendo así encontrar el tiempo necesario para disfrutar de la alegría de vivir.

**Sentirse bien**. Wayne W. Lewis

El autor de este libro nos propone un fascinante acercamiento a lo más recóndito de nuestra mente, de nuestro cuerpo y de nuestro espíritu con el fin de sacar a la luz toda aquella energía inconsciente que se esconde tras nuestros actos.

# Otros títulos de Vital

**Aprende a vivir con optimismo.** Catherine Douglas

Este libro nos presenta un resumen de las más eficaces ideas y consejos para alcanzar las metas que nos propongamos.La autora nos enseña cómo motivarnos aplicando las técnicas del pensamiento positivo, desarrollo de la autoestima, afirmaciones, visualizaciones, autosugestión, etc. Catherine Douglas nos ahorra teoría y va directamente a lo práctico, aportando consejos que pueden aplicarse de manera inmediata.

**Mejora tu salud emocional.** Robert Cameron

Este libro trata ante todo de ti. Está centrado en tus emociones, en tu aptitud individual para crear una fuerte autovaloración para aumentar gradualmente tu autoestima. A través de las afirmaciones que te propone, puedes aprender a expresar sentimientos, a disfrutar de tu propia compañía y a actuar espontáneamente. Una guía muy práctica diseñada como un viaje en el que podrás abordar los momentos en que has modelado tu personalidad, tu representación de la realidad y la forma en que ésta se proyecta hacia los demás.

**Si quieres, puedes.** Daniel y Patricia Day

Los autores han conseguido con esta obra que miles de personas vuelvan a confiar en sí mismas. Los autores nos proponen numerosos ejercicios de meditación, afirmaciones y consejos que te ayudarán a confiar en tu sabiduría intuitiva y también a mejorar emocional y espiritualmente para conseguir una vida más intensa y sobre todo, feliz.

# Otros títulos de Vital

**Aprende a combinar alimentos**. Julie Davenport

Sigue los principios básicos de la combinación de alimentos para conseguir una vida saludable. Nuestro organismo es una máquina de precisión que funciona cuando el aparato digestivo y todo el metabolismo enzimático pueden funcionar con normalidad. Seguir una dieta saludable combinando alimentos de forma armónica es una garantía de futuro.

**Muévete. Claves para sentirnos activos.** Ana Molina

¡Cambia de actitud! ¡Entra en acción potenciando tus recursos personales! Este es un manual práctico para estar activo en tu día a día. Mediante sencillos consejos conseguirás cambiar tu actitud y convertirte en una persona emprendedora y llena de energía. Además, te proporcionará una nueva visión de tu entorno laboral que te otorgará mayor libertad y la posibilidad de invertir en tu futuro.